全新版

華語

第九冊

習作B本

流傳文化事業股份有限公司
http://www.chlearn.com

全新版華語習作B本　第九冊

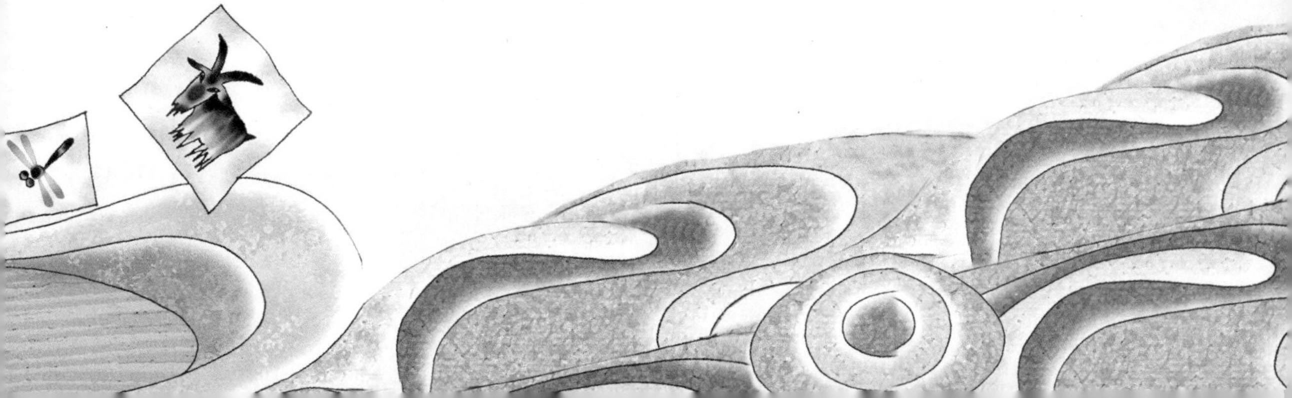

一 努力就從今天開始

(一)寫一寫：寫出更多詞語或短語。

1. 朝	朝(ㄓㄠ)三暮四。朝(ㄓㄠ)氣。前朝(ㄔㄠˊ)舊臣。朝(ㄔㄠˊ)服。
2. 暮	日暮黃昏。
3. 墜	天花亂墜。
4. 若	若是。
5. 聊	聊天。
6. 賦	詩詞歌賦。

(二)欣賞園地

千里之行

唐朝大詩人白居易，詩名滿天下。一天，他騎馬經過樹林，看到一位大師在林中說法，便下馬向禪師請教。

「禪師，請問什麼是『道』？」白居易很謙恭的請教。

禪師慢慢的說：「諸惡莫作，眾善奉行。」

大詩人聽完，哈哈一笑，覺得道理太簡單、太平常，沒有深刻的意義，便脫口而出：「三歲的孩童也都知道吧！」

大師非常平和的說：「三歲的孩童都知道，八十老翁做不到。」

白居易立刻覺得自己草率失禮，滿頭大汗，直說：「失禮！失禮！」他心裡想：千里之行，始於足下，「知道」其實不如「做到」呀！

㈢想一想：閱讀上文後，請就下面問題回答。

1. 禪師說「道」是諸惡莫作，眾善奉行，這是什麼意思？你相信這個道理嗎？為什麼？

2. 「千里之行，始於足下」這句話是什麼意思？請舉事例來說明這個道理。

二 學做情緒的主人

(一)寫一寫：寫出更多的詞語或短語。

1. 欠	欠錢不還。欠債。欠缺。打呵欠。
2. 倒	推倒。
3. 狀	獎狀。
4. 抑	抑強扶弱。
5. 羞	害羞。
6. 響	音響。

㈡欣賞園地

喜怒人生

有一個專門製造假面具的商人。有一天，有一些遠方的朋友來看他，見了面，大家都關心他是不是有不愉快的事情發生，為什麼臉色不太好看？商人告訴大家，他的身體很好，各種事情都很順利。

經過半年，這些朋友又來拜訪商人，大家又公認商人臉色特別好看，是不是有什麼喜事發生呢？商人很疑惑，因為他最近實在沒有什麼特別的喜事呀！

商人回頭製作面具，看到笑咪咪的笑臉面具，突然恍然大悟。原來半年前，他接到一批「鬼面具」的訂單，他每天都在做咬牙切齒、怒目相視的可怕面具，難怪臉色不好看。最近他製作了很多和善的面具，所以臉上的笑容就自然流露了。

㈢想一想：根據上文，下面哪些話和文意很接近，是的打∨。

1.（　）這篇文章的主旨也可以說是「相由心生」——面相的好壞是受心情影響。

2.（　）商人的朋友，很會察顏觀色，也很關心朋友的心情。

3.（　）商人是一個有智慧的人，很會自我知覺。

4.（　）心情也會「近朱者赤，近墨者黑」。

5.（　）「環境」改變一個人的力量，比「知識」改變一個人的力量還大。

三 快樂是自找的

(一)寫一寫：寫出更多的詞語或短語。

1.惡	惡人先告狀。惡夢。惡魔。惡霸。惡果。
2.隔	隔岸觀火。
3.悶	悶熱難受。
4.虧	吃虧。
5.續	繼續。
6.恩	恩將仇報。

㈡欣賞園地

求人不如求己

有一天，蘇東坡和佛印和尚兩人同遊一座寺院。東坡看到很多善男信女合掌禮佛，口中念念有辭，便問佛印：「大師，這些人在做什麼？」

「他們在向觀世音菩薩祈求完成心中的願望呀！」佛印回答。

「觀世音是菩薩，為什麼要合掌拿佛珠念佛呢？」東坡又問。

佛印笑著說：「她也在祈求保佑！」

「哦！那她要向誰祈求？」東坡又追問。

「向她自己呀！」佛印說。

「不對！不對！她自己是觀世音菩薩，為何要向自己祈求呢？」東坡急著反駁。

佛印大笑說：「求人不如求己呀！」說完，兩人相視哈哈大笑。

㈢想一想：根據上文回答下列問題。

1.（　）蘇東坡和佛印是　①一起修佛的人　②好朋友　③敵人。

2.（　）善男信女是指　①善良的男人和女人　②容易相信別人的男人和女人　③指信佛拜佛的一般人。

3.（　）一般人不會向菩薩祈求哪一種心願？　①家人身體健康　②自己事業順利　③討厭的人發財又得意。

4.（　）佛印說：觀世音菩薩求人不如求己，下列哪一項是不對的？　①她祈求信徒更多　②只是佛印的玩笑話　③佛印的猜測而已。

5.（　）佛印是一個　①幽默的人　②刻薄的人　③有智慧的人　以上哪一個答案是錯的。

四 愛心毛衣

㈠詞語擴寫：請先把詞語加上適合的形容詞，再將短語拉長為完整的句子。

例：燕尾服

（黑色的）燕尾服。

（音樂家在指揮的時候，都穿黑色的燕尾服。）

1. 企鵝

（　　　　　）企鵝。

（　　　　　　　　　　　　）

2. 油漬

（　　　　　）油漬。

（　　　　　　　　　　　　）

(二)欣賞園地

比薩斜塔之謎

義大利西北部的比薩市，有一座舉世聞名的斜塔，建於西元一一七三年，塔身用大理石建造，塔高五十四點五米，分為八層，每層外面都有柱廊，塔內有螺旋式的樓梯通塔頂，頂上掛有大鐘。

據說，當修到第三層的時候，就發現塔身向南南方傾斜，趕緊中斷了工程，採取加固的措施，所以這座塔直到西元一三七〇年才建成。建成之後的塔身中心，偏離垂直中心線二點一米，而且每年都以不同的速率不斷的傾斜，到現在已經離中心線快五米了。

以這樣的速度傾斜下去，這座著名的古塔確實瀕臨倒塌；但是很奇怪，從西元一九八二年開始，塔身似乎停止了傾斜，並且向西南方移動。比薩塔為什麼會傾斜呢？有人認為是地點沒有選好，選了一個地基不穩的地方建這座塔。也有人認為是因為大家長期而且

過量的抽取地下水，破壞了地基，造成了塔身的傾斜。

在西元一九三四年，比薩市曾將九十噸的水泥注入地基，沒想到反而加快了塔身傾斜的速度。比薩斜塔傾斜的原因到底是什麼？它最後終於會倒塌？還是僅僅圍繞中心線來回搖晃？這只有讓歷史來回答了。

㈢想一想：根據上文回答下列問題。

（　）1.義大利西北部的比薩斜塔，建造於西元一一七三年，塔身八層，全部用什麼材料修造的？　①花崗岩　②大理石　③石灰岩。

（　）2.西元一九三四年比薩市曾經將九十噸的水泥注入地基，結果比薩斜塔怎麼樣？　①加快傾斜的速度　②減緩傾斜的速度　③暫停傾斜的速度。

五　舟板拼的爺爺

㈠填一填：配合文章內容，在（　）內加上適當的詞語。

扛起　奔向　吼叫　揮動　漆上

1. 班上的啦啦隊，不停的（　　）著小旗子，並且激動的（　　）著為隊員們加油。隊員們把機器人（　　）紅、藍、白三種顏色，然後很得意的（　　）這個製作精美的機器人，（　　）比賽會場。

2. 在（　　）藍、白條的比賽場上，我們社區的棒球隊贏了！球員們（　　）隊長，（　　）領獎臺；看臺上的家長們興奮得（　　）著手上的帽子，拚命的（　　）著。

㈡欣賞園地

龍的傳人

根據科學家的研究，證明世界上從來沒有出現過「龍」這種動物。那麼，「龍」究竟是一種什麼東西呢？由中國古代的書籍中，可以看到許多有關於龍的記載，由此可以推論「龍」是一種傳說中的神奇動物。

龍的形象有很多傳說，爾雅這本書中描寫龍「角似鹿，頭似駝，眼似兔，項似蛇，鱗似魚，爪似鷹，掌似虎，耳似牛。」龍成了多種動物的複合體。還有的書，把龍描寫成似人非人，人獸一體的神。

龍有很多的本領，像乾旱時，龍能上天召雲喚雨，也能入地生泉水；洪水時，龍又能助人治水，消除水害。漢朝時有一塊磚，刻的是黃帝巡天圖，畫面是黃帝乘車，雙龍駕車騰飛於星空。由此可

見，龍也可以充當交通工具。

從古到今，龍一直是中國藝術創作的重要題材，龍的形象遍及全國各地和各個領域，所以中國人自稱為「龍的傳人」。

㈢想一想：請根據上文回答下列問題。

（　　）1.根據科學家的研究，並且由古代的書籍推論「龍」是一種什麼動物？　①在深海的神奇動物　②在南極的神奇動物　③在傳說中的神奇動物。

（　　）2.下列哪一項不是傳說中龍具有的本領？　①能上天召雲喚雨　②能夠噴火　③可以充當交通工具。

（　　）3.中國人自稱是什麼動物的傳人？　①龍的傳人　②鷹的傳人　③象的傳人。

㈣畫一畫：

請依著爾雅這本書的描寫，畫一條「角似鹿，頭似駝，眼似兔，項似蛇，鱗似魚，爪似鷹，掌似虎，耳似牛」的「龍」。

六　西班牙的鬥牛

㈠顏色摹寫：先寫出與顏色有關的詞語，再造句。

例：紅→火紅→他有一件火紅的披風，非常漂亮。

1. 黃→（　　）→（　　）
2. 藍→（　　）→（　　）
3. 綠→（　　）→（　　）
4. 黑→（　　）→（　　）
5. 白→（　　）→（　　）

㈡欣賞園地

喝酒碰杯的習慣

你看過大人在喝酒以前，先碰一下杯子嗎？為什麼會有這個習慣，有兩種說法。

第一種說法是：首先是希臘人開始的。古希臘人認為，人在喝酒時，許多器官都可以分享到飲酒的樂趣，酒的香氣會飄到鼻子裡，酒的顏色會被眼睛看到，舌頭可以品嘗到酒的味道，可惜只有耳朵享受不到喝酒的樂趣。於是，聰明的希臘人便想出一個辦法，他們在喝酒之前，互相碰碰杯子，杯子相碰發出清脆的聲音傳到耳朵裡，這樣，耳朵也可以分享到喝酒的樂趣了。

另一種說法是：這個習慣起源於古羅馬。古羅馬人常常喜歡角力的競技，在比賽之前，選手們喝酒來互相勉勵。為了防止心術不正的選手，偷偷的下毒到對方酒裡，人們便想出一種防範的辦法。

選手在喝酒時，雙方各自拿自己的杯子，並且將自己酒杯裡的酒倒一些到對方的杯中，這個動作後來發展為碰杯的禮節。

這兩種說法，你喜歡哪一種呢？

㈢想一想：根據上文回答下列問題。

（　）1.喝酒時，眼睛能夠分享到什麼樂趣？ ①酒的味道 ②酒的香氣 ③酒的顏色。

（　）2.古代的羅馬人喜歡做什麼運動？ ①射箭 ②角力 ③拳擊。

（　）3.古代羅馬人為什麼習慣喝酒碰杯？ ①防止別人下毒 ②碰杯聲清脆好聽 ③杯子相碰也是角力的一種方式。

七 書聖王羲之

㈠寫一寫：寫出更多的詞語或短句。

1.聖	朝聖。聖經。聖誕。聖人。至聖先師。
2.忍	忍耐。
3.毫	毫不在意。
4.趁	趁火打劫。
5.摹	臨摹。
6.勸	勸人為善。

(二)欣賞園地

題詩誡子

王羲之的兒子獻之，小時候練字很勤奮，看到古人的書法名跡，常常臨寫數十百遍，直到心領神會為止。到了十四、五歲時書法常得到親朋好友讚美，就漸漸驕傲起來，到處題詩寫字，不再臨帖。

這天，羲之要到京城去，臨行前喝了一些陳年老酒，喝完後在牆上題了一首「誡驕詩」。羲之走後，獻之看到這幅訓誡自己的字很不以為然，就想露一手來證明父親是錯的。他先在紙上學父親的字幾十遍，然後用刮刀把父親部分的字刮掉，再補上自己的字。他左看右看，很滿意。

幾天後，羲之回來，看到自己的這幅字，看了很久，搖搖頭嘆了一口氣說：「那天酒喝得太醉了，竟然寫出這樣差勁的字！」獻之一旁聽了，很慚愧，從此更虛心更認真的苦練書法。

㈢想一想：根據上文回答下列問題。

（　）1.題詩誡子，「子」是指　①王羲之　②王獻之　③王獻之的兒子。

（　）2.臨帖是　①面對字帖　②看著字帖，模仿字帖寫字　③站在高高的地方寫字。

（　）3.王羲之覺得字很差勁，是因為　①知道是兒子寫的　②覺得自己喝醉了，有部分字寫得太差　③覺得自己書法退步了。

（　）4.經過這件事後，王獻之對自己的書法覺得　①很有信心　②還算滿意　③虛心苦練求進步。

八　齊白石的畫

(一)造句

悶

ㄇㄣˋ—悶悶不樂—他因為考試考得不好，整天悶悶不樂。

ㄇㄣ—悶熱—氣壓低，天氣很悶熱。

傳

ㄔㄨㄢˊ—傳說—（　　　）

ㄓㄨㄢˋ—傳記—名人傳記可以幫助我們立志。

朝

ㄓㄠ—朝氣—（　　　）

ㄔㄠˊ—朝著—他朝著天空開了一槍。

勞

ㄌㄠˊ—勞工—（　　　）

ㄌㄠˋ—勞軍—名歌星常到軍中用歌藝勞軍。

㈡欣賞園地

齊白石的篆刻

齊白石從三十歲開始學刻印，一直到九十二歲還有作品，大約刻了六十個年頭。他一生刻了多少印無法統計，但從他自己寫的文章去推算，約有一萬方的印。

白石一生靠賣畫刻印為生，他的刻印，應酬作品很多，其中有一些佳作，但也有一大部分是比較草率的。要研究白石的印，應該以他自己的用印為主。

白石的印文，白文比朱文更有特色。白文印，好像白石用鐵筆在石面上縱情揮灑，運刀的輕重快慢，變化清晰，給人痛快淋漓的感覺。

總之，白石的篆刻以豪邁奔放著稱，但也有一些溫雅的作品，當然溫雅是和他自己的作品比較，和別人相比，那還是很潑辣的。

(三)想一想：根據上文寫作的方式與內涵，下面敘述符合文意的請打∨。

1.（　）本篇是說明文。

2.（　）篆刻就是用刀刻出篆字的印章。

3.（　）約一萬方的印，是從白石的印譜實際算出來的。

4.（　）通常白石自己用的印，比賣的印要刻的好些。

5.（　）作者認為白石的印文，白文比朱文好。

6.（　）要研究白石的印，要以白石自己的用印為研究對象，會比較有收穫。

九 飛行空中的梅花

(一)寫一寫：寫出更多的詞語或短語。

字	詞語或短語
1. 模	模樣。模範生。板模。模板。模式。
2. 評	評論。
3. 翼	機翼。
4. 灣	海灣。
5. 濟	救人濟世。
6. 韻	神韻。

㈡欣賞園地

梅花詩二首

梅花　王安石

牆角數枝梅，凌寒獨自開。
遙知不是雪，為有暗香來。

梅花　盧梅坡

梅雪爭春未肯降，騷人擱筆費評章。
梅須遜雪三分白，雪卻輸梅一段香。

㈢想一想：根據上文，下面哪些句子和詩的意思一樣，請打∨。

1.（　）牆邊有幾棵梅花，在寒冷的冬天獨自開出花來。

2.（　）遠遠看到梅花，就知道它不是雪；因為會傳來一陣輕微的香氣。

3.（　）梅花和雪爭奪誰能代表春天，兩方都不肯投降。

4.（　）騷人是指身上有跳蚤，一直動個不停的人。

5.（　）詩人停下筆來，花費很多心力來評選。

6.（　）雪比梅白，梅比雪香。

7.（　）雪和梅花是早春的自然景致。

十 宋救子墨

㈠寫一寫：寫出更多的詞語或短語。

1. 殺
殺人。殺雞儆猴。殺一儆百。殺雞焉用牛刀。

2. 阻
勸阻。

3. 攻
攻心為上。

4. 卸
推卸。

5. 貧
貧窮。

6. 抵
抵抗。

㈡欣賞園地

貓的本事

有一天，貓見到老鼠在洞外賊頭賊腦，於是輕手輕腳，準備撲上前去，好把老鼠大快朵頤。「咻——」一聲，老鼠身手矯健，一溜煙躲回洞裡。貓見獵物落空，只好在洞外乾瞪眼，無奈對空「喵！喵！」兩聲來顯示自己的威風。

貓對自己幾次捕捉失利，深感氣惱。但是，牠靈光一現，心想：要成功，一定要有本事，於是閉門勤學苦練。

這一天，貓在洞外，半天不見鼠影。「汪！汪！」洞中的老鼠，聽見一陣狗吠聲，心想：狗來了，貓一定溜走了。於是抬頭挺胸鑽出洞外。沒想到，立刻被貓逮個正著。老鼠不甘心的問：「明明有狗吠聲，怎麼你會在這裡？」貓得意的回答：「狗吠只是我的雕蟲小技，哈哈！」

㈢想一想：根據上文，下面哪些話在文章中顯示出來。

1.（　　）貓和老鼠是天敵。

2.（　　）一開始，貓不如老鼠敏捷，所以抓不到老鼠。

3.（　　）貓的叫聲對老鼠有驚嚇作用。

4.（　　）貓有智慧有決心。

5.（　　）貓怕狗。

6.（　　）老鼠失敗是因為太相信自己的經驗法則。

7.（　　）貓抓老鼠只是要顯示自己的聰明。

十一 功成身退

(一)寫一寫：寫出更多的詞語或短語。

1. 挽	挽留。挽謝。挽辭花籃。挽救。
2. 策	計策。
3. 謀	計謀。
4. 項	項圈。
5. 臣	大臣。
6. 權	女權運動。

㈡欣賞園地

張良的故事

張良是戰國末年韓國人。他的國家被秦始皇滅亡，弟弟不幸在戰爭中去世。懷著國破家亡的悲痛，他散盡家財，準備尋訪武藝高強的勇士，暗殺秦始皇。

張良終於找到賢人，他和身懷絕技的大力士埋伏在博浪沙。大力士對準秦始皇的座車狠狠一擊，可惜只打中副車，張良只好連夜逃亡，等待他日再復仇。

有一天，他散步到圯上橋，遇到一位老人。老人的鞋子突然掉到橋下，老人說：「喂！年輕人，下去把我的鞋子撿上來。」張良看到老人年紀很大，二話不說，跑到橋下去撿鞋。老人見到鞋子，又不客氣的說：「幫我穿上！」張良想他已上了年紀，就忍下來，把鞋子為老人穿上。老人微笑著說：「你有耐心，懂禮貌，是個人

才。五天後的清晨，再來這裡一趟！」

五天後，張良如約到橋上，但是老人早已到了，不客氣的說：「和老人約會，怎麼可以遲到？五天後再來！」第二次，張良趕早就到，可惜老人還是先到。第三次，張良半夜就在橋上等老人。老人到時，高興的說：「年輕人就該這樣！這本好書送你，好好研讀，將來可以成就一番事業。」說完便匆匆離開。

張良打開書一看，原來是太公陰符經，興奮的跪下來拜謝。後來，果然靠著這本書，讓他增加了很多戰事的謀略，協助劉邦，幫劉邦贏得了天下。

㈢想一想：根據上文回答問題。

如果將本篇「張良的故事」改一個名稱，如：「勇敢」的張良、「散盡家財」的張良，你會怎麼訂名，為什麼？

1.（　　　　　　　　）的張良。

2.因為：

十二 菜根譚二則

(一)寫一寫：寫出更多的詞語或短語。

1. 承	繼承財產。承先啟後。承讓。承蒙。
2. 苛	苛政猛於虎。
3. 陷	衝鋒陷陣。
4. 險	危險。
5. 遺	遺失。
6. 陰	陰天。

(二)欣賞園地

珠雞的領悟

有一個農夫在雞場裡養了兩隻鬥雞，準備參加鬥雞比賽。有一天，朋友送他一隻珠雞，他就把珠雞放進雞場裡。

珠雞才被放進雞場，兩隻鬥雞就追過來咬牠。珠雞嚇得又躲又逃，因為逃不走，就感到很悲傷。牠躲在一個角落自言自語的說：「我所以會被欺負，就因為我是陌生的，這樣很不公平。」

不久，兩隻鬥雞不再追咬珠雞，卻相互打得塵土飛揚，難分難解；好像沒打敗對方，就不會停止。

珠雞突然領悟到：「原來！牠們天生好鬥，不是故意要欺負我！從今以後，我不必因為牠們而自尋煩惱了。」

(三)想一想：根據上文，下面哪些話和文章主旨大意很接近，請打V。

1.（　）珠雞很悲傷，是因為牠認為鬥雞會欺生。

2.（　）珠雞一開始的想法，是一種負面的想法。

3.（　）負面的想法常會使事情變得更糟。

4.（　）鬥雞可憐珠雞受傷了，所以不追打牠。

5.（　）珠雞看清事實的真相，就不會自尋煩惱。

6.（　）本文的主旨是：人要看清事實，避免負面的情緒。

Memo

Memo

Memo

Memo

Memo

【全新版】華語習作B本第九冊

總 主 編：蘇月英
編撰委員：蘇月英、李春霞、胡曉英、詹月現、蘇　蘭
吳建衛、夏婉雲、鄒敦怜、林麗麗、林麗眞
指導委員：信世昌、林雪芳
總 編 輯：張瀞文
責任編輯：謝青秀
美術編輯：益智邦文化
封面設計：陳美霞
發 行 人：曾高燦
出版發行：流傳文化事業股份有限公司
地　　址：臺北縣 (231) 新店市復興路 43 號 4樓
電　　話：(02)8667-6565
傳　　眞：(02)2218-5221
郵政劃撥：19423296
http://www.ccbc.com.tw
E-mail:service@ccbc.com.tw
香港分公司◎集成圖書有限公司－香港皇后大道中283號聯威商業中心8字樓C室
TEL：(852)23886172-3・FAX：(852)23886174
美國辦事處◎中華書局－135-29 Roosevelt Ave. Flushing, NY 11354 U.S.A.
TEL：(718)3533580・FAX：(718)3533489
日本總經銷◎光儒堂－東京都千代田區神田神保町一丁目五六番地
TEL：(03)32914344・FAX：(03)32914345

出版日期：西元 2004 年 11 月臺初版(50101)
西元 2006 年 3 月臺初版四刷
印　　刷：世新大學出版中心

分類號碼：802.85.036
ISBN 986-7397-27-4

定　　價：60 元